우주문학 시선 5

십이 년 열두 해 열두 번째 여름

유수 시집

십이 년 열두 해 열두 번째 여름

유수 시집

은하태양

▎시인의 말

참으로 오랫동안
먼 길을 돌아
이 자리에 서 있다.
내게 남은 시간들은
오직
시를 위해 달릴 것이다.

사랑하는 나의 두 딸
고맙고
엄마를 지켜봐 주렴.

동백나무 초록 잎새 반짝이는
2025년 6월
유수

차례

▌시인의 말

제1부 서울대병원

012 시가 이야기하고 있다
013 윤동주 시 「병원」을 읽고
014 눈을 떠요
016 서울대병원 주소는 연건동 28번지
017 서울대병원 시계탑
018 나는 신규 간호사입니다
019 서울대병원 신경정신과 병동
020 어느 교수의 습관
021 대학병원 수간호사의 하루
022 3월의 변화는 인턴과 함께
023 연건캠퍼스 함춘문
024 서울대병원 구두 아저씨
025 2 CELLOS 그리고 Benedictus
026 암병원 낮 병동
028 Don McLean Vincent
029 쟈크린느의 눈물
030 늦가을

제2부 세상에 반가운 사람이 생겼습니다

032 신호등

033 의정부 성모병원
034 앰블런스
035 아트블럭
036 남편은 단팥빵을 좋아한다
038 의자에 앉는 법
039 아기 웃음
040 의자의 기억법
042 세상에 반가운 사람이 생겼습니다
043 그에게서 잠이 사라졌다
044 기억상실
045 생일상
046 남편보다 내가 먼저 죽을 것 같아요
048 십이 년 열두 해 열두 번째 여름
050 19층 아파트에 부는 바람

제3부 정신병동 이 씨

052 삼 남매
053 욕실에서 넥타이로 자살했어
054 그녀가 크리넥스를 이용하는 방식
056 정신병동 이 씨의 하루
058 정신병동 이 씨의 또 다른 날들
059 선풍기 바람
060 행복의 조건
062 두 남자
064 침 뱉는 여자

066 　강박장애 —송충이
067 　강박장애 —연막소독
068 　우주복엔 날개가 없다

제4부　죽음을 견디는 일
072 　죽음을 견디는 일
073 　정신병동 이 씨
074 　강박장애 —횡단보도
075 　염습의 시간
076 　아파트 10층에서 뛰어내려 살아난 사람
078 　Bone Scan
080 　아파트 발코니에는 새들이 산다
082 　대파 향이 번지는 저녁
084 　대파꽃 필 때
085 　단호박 스프
086 　아산병원 장례식장
087 　야누스의 별
088 　방비엥 블루라곤
089 　라오스, 라오스, 라오스
090 　라오스 몽족

제5부　군산
092 　적산가옥
093 　군산 월명공원에서 만난 벚꽃

094 플라타너스의 집 —삼 남매
096 염습의 시간
097 구두와 운동화
098 박대구이
099 군산
100 군산 뜬다리 부두
102 군산근대건축관
104 박용하 그날
105 거울의 눈을 훔치다

106 해설 이대흠

제1부

서울대병원

시가 이야기하고 있다

내 남편은 시
시가 이야기하고 있다

새벽 2시 되면 잠 깨서 하는 말
밥 먹자
밥 먹자
밥 먹는 시간 아니라 하면

놀이터 가자
놀이터 가자
놀이터 문 닫았다 하면

김포공항 가자
제주도 가자
시계 사러 가자
양복 하러 가자

시가 이야기하고 있다

윤동주 시 「병원」을 읽고

중년 여인이 링거병이 걸린 IV stand를 옆에 두고
그늘진 벤치에 앉아 휴대폰을 보고 있다
 병원 뜰에 여인이 나무 아래 누워서 일광욕하는
모습은 없다
 모두들 그늘 아래 벤치에 앉아 있다

코드블루 코드블루 44병동 44병동
심폐 소생술 CPR 팀을 방송으로 부르고 있다
퇴원을 앞둔 환자의 의식이 갑자기 없어지면서
숨을 쉬지 않는다고 보호자가 뛰어온다
간호사실에 있던 모든 의료진이 응급카트를 끌고
병실로 달려간다
한 사람을 살리려고 달려온 병원 내 CPR 팀들
천사처럼
방안엔 어느새 사람들이 가득하다

회생된 환자는 중환자실로 내려간다

눈을 떠요

보라매병원 재활병동 5인실
3번의 뇌수술을 하고
온종일 비바람 속 같은 이곳에
당신은 누워 있네

어둠을 들어 올리니 새벽이 오네

눈 감고 누워 있는 당신의 아침은
캄캄한 무릉도원
병실 사물함 위에 쌓이는 세월도
어항 속 금붕어처럼 투명한 당신을
깨우지는 못하네

눈을 떠요
아침 새롭게 바라볼 수 있게
손을 들어요
세상 따뜻함 느낄 수 있게

여름을 걷어내니 가을 단풍이 오네

단풍 꽃 지기 전에

눈을 떠요

서울대병원 주소는 연건동 28번지

개나리가 조금씩 피어나던 3월
연건캠퍼스에 발을 딛고도
2년 동안 병원 땅을 밟지 못했다
창경궁 방향으로 난 병원 정문과
대학로 방향에 있는 의대 정문은
가까운 듯 아주 멀리 있었다

3학년으로 진급한 후에야
병원 실습으로 발을 들여놓았다
소독약 냄새 진동하고 보호자와 환자들이
그저 낯설고 두렵기만 하던 병원

10년 가까이 13층 건물로만 서 있던 신축병원
예산이 없어 내부 시설은 진행하지 못한 채
비바람 맞고 있던 신축병원 주변으로
빨간 벽돌 건물이 하나, 둘, 셋…

오래된 벽돌에서 조각들이 떨어졌다

서울대병원 시계탑

붉은 벽돌 위에 쌓인
바람과 시간의 흔적들이
목련과 벚나무, 철쭉이 어울린
꽃밭으로 펼쳐져 있네

군수품으로 동판 머리 벗겨지고
푸른 함석지붕 이고 산 아픈 세월도
시간이 빨라요 시간이 늦어요 알려주던
환자 보호자 목소리도
이제는 지나갔네

뽀얗게 떠 있는 목련 닮은 시계는
변함없이 앞으로 가고
자랑으로 빛나는
구리 탑 위의 시간 속에
잠시 머물렀던 발걸음 걸음들

한때 나도 그 아래에서
꽃비를 맞고 있었지

나는 신규 간호사입니다

나의 하루는 심장박동처럼 쉬지 않습니다

서쪽으로 지는 달을 보고 출근하고
동쪽에 뜨는 달을 보고 퇴근합니다

환자 돌보는데 서투르고
보호자를 대하는 일은 더 힘들어요
의사 오더도 기억 못 하고
선임 간호사 설명도 어렵기만 해서
늘 손과 마음이 떨립니다

발이 붓도록 뛰어다녀도
물 한 모금은커녕
화장실 갈 시간도 없지요

서울대병원 신경정신과 병동

작은 언덕을 올라가면
높은 나무들에 가려진 빨간 건물이 나온다
아치형 입구
들어서면 오래된 대리석 바닥과 낡은 나무문들이
단정하게 자리를 지키고 있었다

앞 병동 2층엔 여자 환자들이
작은 중정을 지나면
뒷 병동 1층엔 남자 환자들이 있었다

기숙사로 가는 길목에서 보이는
남자 병동 창문으로 누나를 부르며
아는 척을 하던 환자들

지금은 흔적조차 없는 곳
모든 폐쇄 병동 문을 열던 황금색 열쇠가
내게 남아 있다

어느 교수의 습관

병원에 있는 모든 사람에게
반말하는 교수가 있다
연로한 환자는 물론
퇴직한 판사에게도
반말해서 민원 받은 적도 있다
교수가 반말하지 않는 사람은
자신이 다니는 교회 목사와
아이들의 담임 선생님이라고

대학병원 수간호사의 하루

아침 7시
밤번 간호사의 인수인계를 듣는다
인계받는 간호사의 눈들이 반짝인다

병실을 돌면서 환자들에게 인사하고
교수마다 회진을 따라간다
환자 상태 파악은 필수

병동 관리의 모든 책임이 어깨에 걸려 있어
입원환자 가족의 민원까지도
환자를 돌보는 간호사들의 사기를 지지하는 일
간호사와 의사는 우호적 관계 유지
보조 직원 지지하고 격려
병동에서 사용하는 모든 물품관리

환자와 의료진 사이의 중재자
의사와 간호사 사이의 중재자
윗사람과 아래 직원 사이에 낀 중간관리자

3월의 변화는 인턴과 함께

해마다 3월 첫 주 월요일 아침이면
잔뜩 주눅 든 몸짓과 긴장한 얼굴이었는데
커리큘럼의 변화로
일하는데 등신 먹는데 걸신 눈치 보는데 귀신
인턴 삼신은 옛말이 되었다

사회 첫발 처음 일하는 병원
간호사가 적어놓은 환자별 업무 리스트를 보고는
어깨 펴고 여유로운 목소리로 묻는다
"더 할 건 없나요?"

인턴이 뚜벅뚜벅 병동 복도를 걸어간다

연건캠퍼스 함춘문

의과대학 운동장 한쪽 자리를 지키고 있다
오래된 공기와 빛바랜 나무 조각들
무심하게 지나가는 발길에 먼지만 일어난다

연건캠퍼스에 살았던 사람들은 알고 있다
함춘문의 역사와 사연을 몰라도
함춘회관 함춘원 함춘식당
함춘문예 함춘문학 함춘약국
개업 의사들도 병원 이름 앞에
'함춘'을 넣고 있다는 것을

서울대병원 구두 아저씨

백팔십 센티미터는 넘는 키에
어깨가 떡 벌어진 몸매
작은 눈에 날카로운 눈빛
아저씨 인상은 그랬다

휴대폰이 생기기 전까지
구두 가지고 수선집에 가면
재빠르고 정확한 손놀림으로
새 구두처럼 만들어 내던 아저씨
씩 웃어도 눈이 안 보이고
전화 받으면 즉시 달려오던

새로운 병원 건물들이 자주 들어서면서
아저씨 일터 위치도 매번 바뀌었지만
40년 넘게 지금도 일하고 있다고

2 CELLOS 그리고 Benedictus

한참 더웠던 6월 어느 오후
첼로 음악을 듣고 있는데
낯선 번호로 전화가 왔다
남자가 내 이름을 묻고는
동생이 사망했다고 말했다
첼로의 음률들이 느리게 퍼져나갔다

하루에도 몇 번씩
자동으로
듣고 또 들으며
생각한다
나보다 앞서 떠난 그를
생각한다
왜 그리 서둘러 갔을까

암병원 낮 병동

5층 로비 창가에 서면 창경궁 안마당이 보이고
궁 안을 걷는 사람들의 발걸음이 여유롭다

그해
1월부터 4주마다 한 번씩
낮 병동에서 항암 주사를 맞았다
주사를 맞는 서너 시간 동안
커튼 너머 옆 환자의 침 넘기는 소리
이불자락 들추는 소리도 들렸지만
서로 아무 것도 묻지 않았다

정맥주사를 놓는 간호사가
알코올 솜으로 혈관이 보이는 부위를 닦으며
작은 목소리로
수간호사님 환자가 되었네요

12번의 항암 주사를 맞으면서
누워 있던 그 방에
창문은 있었는지

하늘은 보였는지
기억이 없다
첫 주사를 맞았던 밤
몸 안에 가득 차오르던 안개
그 기억만 확실할 뿐

Don McLean Vincent

빈센트 반 고흐를 생각하면 떠오르는
Starry Starry Night로 시작되는 노래

정신과 폐쇄 병동에서 일하면서
그림 솜씨가 뛰어난 환자를 보면
고흐가 생각난다

치료 약도 없고 가두는 것만이
최선이던 시절에
정신병으로 지쳐가던 고흐

별이 빛나는 밤에
sane insane
정신병동에서 듣는 음악
sane insane

쟈크린느의 눈물

쟈크린느 뒤 푸레
다발성경화증으로 지금 연주할 수 없다
아프기 전 아프기 전에 연주한
엘가의 첼로협주곡 E단조

그녀가 세상을 떠난 뒤
어느 첼리스트가 우연히 찾아낸
오펜바흐의 미발표곡
쟈크린느의 눈물

늦가을

늦가을
사랑이 떠난 후
그 겨울이 다 가도록
검은 숲속에서 벗어나지 못했다
그리고
드보르자크 첼로협주곡 B단조

제2부

세상에 반가운 사람이 생겼습니다

신호등

일요일 아침 예배를 드립니다
십자가의 예수는 어둔 눈빛으로 죄인들을 굽어봅니다

목사는 천국에 가는 법을 강변합니다
갑자기 옆에 앉은 남편이 크게 말합니다
그만해라 거짓말이야
사고로 뇌 손상을 입은 그는 거침이 없습니다
봤어 가봤냐고 벌떡 일어납니다
서둘러 스테인드글라스 밖으로 나오니
거리엔 한 무더기의 풍선들이 떠 오르고 있네요
풍선보다 가벼운 약속
씩 웃는 그는 신호를 본 걸까요

붉은 불이 켜졌습니다

의정부 성모병원

중환자실 침대에 누워 있는 그에게
사람 냄새가 나지 않습니다
머리를 붕대로 싸매고 퉁퉁 부은 얼굴이
낯설기만 합니다

살아서 숨쉬기 때문이 아니라
기관 삽입술 한 튜브 위로 쏟아지는 산소 때문에
살아 있습니다

신이 목숨 줄을 놓기 기다리는 동안
그는 감은 눈 속에서 무슨 생각을 할까요

의사들은 끊임없이 큰 소리로 말합니다
손들어 보세요 발 움직여 봐요
맨발을 잠깐 흔들 때
그의 발톱이 노랗게 떠오릅니다

앰블런스

두 번의 뇌수술 후 더 큰 병원으로 옮겨 가던 날
난생처음 그와 함께 타고 갔다
의식 없이 눈 감고 있는 그의 얼굴
흔들리는 빨간 빛
데시벨 높은 소리가 흩어진다

차들은 무심하게 제 갈 길을 간다
산소통 눈금이 줄어들고 있다
목에 있는 T-cannular
차 안엔 가래 끓는 소리만 가득하다
어깨를 들썩이며 힘든 호흡 이어가는
그의 손을 잡는다

커튼을 살짝 열고 하늘을 보니
잔뜩 먹구름이 끼어있다

아트블럭

잠이 사라졌다

새벽 2시
다 잤어 다 잤어 놀이터 가자며
그가 벌떡 일어난다
아무런 대답을 안 하자
누워 있는 내 발을 잡고 흔든다
놀이터 가자 문 열어 줘
지금 놀이터 문 닫았다고 하니
놀이문화 해 하면서
거실 등을 켜고
간이 테이블을 끌고 온다
아트블럭을 '놀이문화'라고 부르며
열심히 튤립 모양을 만들고 있다

남편은 단팥빵을 좋아한다

10년 전 뇌혈관이 터져 수술했다
그의 뇌 한 부분으로 오작동 칩이 스며들어
뿌리를 내렸나 보다

겉으로 안 보이지만
줄기가 조금씩 자라서
가지들이 살짝살짝 뇌세포들을 건드리나
망각의 잎들이 지나가는 탓일까

아침 식탁에서 그가 졸고 있다
팔을 톡 치면 퍼뜩 놀라며 입을 벌리고
숟가락에 있는 음식을 받아먹고는
놀이터 가? 나가? 같은 말을 반복한다

이방 저방 기웃거리고 창밖을 내다볼 때는
아파트 입구에 있는 차단기를 보면서
올라간다 올라간다
내려간다 내려간다 계속 중얼거린다

장난감 아트블럭을 놀이동산이라고 부르며
다 했어 또 다른 거 해? 하며 웃는다
단팥빵 먹는 걸 좋아하고
매일 빵 사러 가자고 조른다

의자에 앉는 법

나무 의자 하나가
무너지고 있는 몸을 간신히 지탱하고 있다

자신을 받아주는 눈물도 모른 채
그는
앉을 때마다 엉덩이로 내리치고
발로 차며 벌떡 일어나곤 한다

앉는 힘을 견뎌내지 못한
의자들이 쓰러질 때마다
끈으로 꽁꽁 묶고
그의 기억들도 달아날까 동여맨다

계단에서 떨어져 뇌 손상을 입고
석 달 만에 깨어나서
앉는 법이 생각나지 않아
기억의 퍼즐이 어긋난 거라고

아기 웃음

세면기 앞 의자에 앉아
양치질하던 그가 거울을 바라보고 있다
참 잘 생겼다고 하니
눈이 반달로 접히면서 입꼬리가 올라간다

삼십 년 동안 함께 살면서
내보인 적 없던
십 개월 된 아기 웃음보다 더 맑고 고운
깊은 산속 금강초롱 닮은 꽃이다

사고로 뇌 손상을 입어
몇십 년 동안의 기억이 통째로 사라져
잘생긴 얼굴 구기고 살던 기억도 없다
잘생겼다는 한마디에
숲속 꽃으로 피어난다

의자의 기억법

감나무 아래 나무 의자 하나가
무너지고 있는 몸을 간신히 지탱하고 있다

우물을 메워 만든 작은 텃밭은 비어 있고
마당 한편 무성하게 피던 동백도 철쭉도
제자리로 돌아간 계절
감꽃이 열리고 있다

붉게 익어 가는 감을 올려다보며
감꽃을 다시 볼 수 있을까
중얼거리던 그 목소리

주인을 잃어버리고
체취만 남아있는 의자 위로
내려앉은 감꽃 하나 둘 셋
꽃들이 진주처럼 반짝인다

하얗게 피어나서
떨어지는 감꽃을 맞으며

그의 의자는
우두커니 마당을 지키고 있다

세상에 반가운 사람이 생겼습니다

아침 9시 30분
그는 데이케어 센터에 가는 봉고차를 탑니다
엘리베이터에서 내려
1층 출입문 밖에 있는 봉고차를 보고는
놀이터 차 왔다고 비틀거리며 빠르게 갑니다
운전기사가 나오면
두 팔을 번쩍 들고 큰소리로 안녕 안녕하면서
기사를 향해 달려갑니다
아이들이 오랜만에 와도
본체만체하고 아트블럭만 하는데

그에게서 잠이 사라졌다

초저녁 태아형 자세로 잠을 자던 그가
손가락을 하나씩 구부리며
마흔하나 마흔둘 예순둘 예순셋 예순다섯… 숫자를 센다

이번엔 밤색 회색 감색 흰색 검은색… 색을 헤아린다
딸 결혼식에 입고 갈 예복 색을 고르는 걸까
이어서 석진이 석호 석철이 석 자로 시작되는
이름을 계속 부르고 있다

눈 감고 중얼거리다가 갑자기 벌떡 일어나
흥얼거리며 중문을 향해 달려가
문고리를 잡고 흔든다

새벽이 올 때까지 자신을 깨우고 또 깨우고
지나간 시간을 세고 또 세며
혼돈의 시간을 끝없이 내밀고 있는 사람
벌써 미명이다

기억상실

빨아 널은 여름 모자를
빨랫대에서 가져다 쓴 그가
가을볕에 졸고 있다

백지 기억을 가진 그는
저 산 무슨 산이야
듣고 들어도 다시 묻는다
나 몇 살이야
반갑게 인사한 앞집 아저씨
저 사람 누구야

보고 보아도 늘 낯선
궁금한 게 많아서
갈 길 멈춘 그대

그의 기억도 아이처럼 자랄까

생일상

3개월 만에 깨어난 후 찾아온 그의 생일
L-tube로 미음만 위 속으로 들어가고
입으로는 물 한 모금 마실 수 없던 그때
딸들이 가져온 생일 케이크를 보자
그의 눈빛이 간절해졌다
의사도 간호사도 케이크를 먹을 수 없다 했다
한 스푼도

지금은
케이크도
미역국도
갈비찜도
먹을 수 있지만
함께 먹을 사람이 없다

남편보다 내가 먼저 죽을 것 같아요

밥을 먹는다
그는 쉬지 않고 반찬들을 입에 넣으며
입을 벌릴 때마다 입안의 음식물이
비닐 앞치마 위로 떨어진다
나는 늘 허겁지겁 밥을 먹는다

한밤중에 깨어 돌아다니며
방문 손잡이들을 잡아당기고
나가자
옷 입자
밥 먹자
화장실 간다며
밤이 새도록 나를 깨운다

주방에서 식사 준비하고 있으면
밥 언제 먹느냐며 뜨거운 냄비 뚜껑 열어보고
화장실 간다고 들락거리며
현관과 거실 사이 중문 손잡이를 흔들면서
열어달라고 서성거린다

데이케어에 머무는 하루 8시간
내게 주어진 무념의 시간이다

십이 년 열두 해 열두 번째 여름

35년간 일했던 직장에서 퇴직하면서 꿈이 많았다
경복궁 수라간에서 궁중요리를 넉 달 배우고
여름이 시작되기 전 일요일 밤
구급대원에게 걸려 온 전화 한 통
그렇게 시작하여
벌써 열두 번째 여름이 지나갔다

세 번의 수술을 거쳐 3개월 만에
의식이 돌아온 그는 1급 장애인이 되었다

음식물을 모두 갈아서 준비해도
먹을 때마다 기침하여
사방으로 음식 찌꺼기들이 튀었고
걷지 못하고 생리현상도 느끼지 못하여
스물네 시간 대기상태가 지속되었다

그렇게 하루가 한 달이 한 해가 쌓여서
열두 해가 되었다
어린아이가 되어버린 그는

오늘도 한밤중에 일어나
놀이터 가자
놀이터 가자며
문을 흔들고 있다

19층 아파트에 부는 바람

시끄러운 소리가 아파트 벽을 치고 있다
당신과 나 사이에 떠도는 냉기를 가득 머금고
어두운 창문과 벽을 때리고 또 때리고 있다

19층 아파트 공중 부양된 거실에서
잡은 손 따뜻했던 날들이 지나갔음을
견뎌야 하는 어둠은 열려 있음을 느낀다
바람은 알고 있으리
세상의 모든 차가움을 쓸어다가 휘몰아치는 바람 바람

어두운 하늘 너머로 빛들이 번쩍거리고 있다
비바람이 몰려온다
창문을 닫아야지

제3부

정신병동 이 씨

삼 남매

앞 병동에는 누나가 살고
뒷 병동엔 동생 둘이 산다

횡설수설하는 그녀는 밤마다
집 밖을 떠돌았다

장관이라 생각하는 형은 날마다
뒷짐 지고 병동 복도를 오며 가며 했다

동생은 눈만 뜨면 창문의 철망을 붙잡고
하루 종일 귀가 가렵다고 했다

그리고
정신병동 문 앞에서 서성이는 어머니

욕실에서 넥타이로 자살했어

그는 새벽에 출근한다
불면증이 있는 나는 몽롱한 정신으로
그 곁에서 서성인다
언제나 나를 꽃으로 감싸주는 당신
내 영혼까지 덮지를 못하네
등에서 잠든 아기 숨소리 평화롭고
하루하루 별일 없이 지나가는데
가슴은 늘 답답하다
행복은 꿈속에 핀 꽃과 같아서
가질 수가 없다고
가슴 가득한 눈물을 씻어내야겠다
넥타이 하나 들고 욕실로 들어간다

그녀가 크리넥스를 이용하는 방식

 계단을 내려갑니다
 문 앞에서 순백의 티슈를 뽑아 재빠르게 문손잡이를 감쌉니다
 손때 얼룩진 더러움을 종이 한 장으로 덮습니다
 문을 열 때마다
 옷을 입고 벗는 일
 물 마실 때조차
 크리넥스 티슈가 필요해요
 하늘 아래 숨 쉬는 일도 버겁지만
 사물의 겉면만 가리며 눈 감고 아웅

 손을 씻고 또 씻어도
 남편의 은밀한 사생활로 머릿속은 어지럽습니다
 피가 나도록 이를 닦고 닦아도
 그의 불결한 숨소리가 사라지지 않습니다
 입가와 손바닥을 하얀 티슈들로
 가리고 가려도
 그의 불륜 사실을 지울 수 없습니다
 눈앞에 계속 어른거립니다

공중에서 펄럭이다 사라지는 눈부심
머리에 이고 지고 아침이면 일어납니다
티슈처럼 하얗게 보이는 것이
순백의 상태일까요

정신병동 이 씨의 하루

커다란 라디오를 어깨에 메고
하루 종일 병동 복도를 왔다 갔다 한다
주파수는 늘 AFKN에 맞추고
새벽에 눈 뜨면 켜고 잠들 때 끈다

잠들면 주파수는 악몽에 맞춰지고
저벅저벅 걸어와서 문 두드리는 소리
머리 위에서
어둠 가득한 풍선들이 하나씩 터지는 소리
꿈속에서도 벗어나지 못해

강제로 앰블런스에 실려서
정신병동
철창문 닫히는 소리
알약들을 삼키는 소리

밥 먹을 때도
산책할 때도
라디오를 어깨에 메고 있다

소리를 지우기 위해 다른 문을 두드린다

라디오도 메우지 못한 틈과 틈 사이로
들리는 하나의 소리
벗겨진 내 흰 이마 위로 흐르는 어머니의 눈빛

정신병동 이 씨의 또 다른 날들

유학 간 지 1년이 안 되어
소리가 들리기 시작했다
독일인 급우와 의견 다툼이 있었고
숙소로 돌아온 저녁부터 잠을 이루지 못했다
게슈타포가 복도를 저벅저벅 걸어와
체포하겠다고 문 두드리는 소리

강의실에서도 밥을 먹을 때도 자려고 누워도
계속 소리가 따라다녔다
친구들을 붙들고 물었다
소리가 들리는지
고개를 가로저었다

그렇게 몇 달을 소리에 시달리다가
추방되어 강제로 김포공항에 도착했다

정신병동에서 20년의 시간이 흘렀다

선풍기 바람

방문도 창문도 모두 닫힌 채
선풍기가 돌아가고 있다
산발한 그녀는 널브러져 있고
그 옆에 아기가 죽어 있다

아기 울음소리가 멈추지 않아
목을 졸라 죽였다
스물하나 젊음
1년 동안 렉사프로 끊고 지켜낸 아기
생후 한 달
몸조리를 끝내고 귀가한 저녁
전기충격요법도 지우지 못한 기억
그녀는 손수건을 목에 감았다

행복의 조건

육신이 가난한 당신에게 웃음꽃을 입히고 싶었어

봄에는 우아한 목련꽃을
여름이면 고혹적인 노란 장미를
가을엔 깊은 향 품어내는 붉은 국화를
겨울이 오면 추위를 뚫고 입을 여는 동백꽃으로
당신을 감싸주고 싶었어

그 겨울이 다 가도록
영혼까지 꽃으로 덮지 못하던 당신
욕실에서 넥타이로 자살했어

잿더미로 가라앉은 조건들
흙을 덮고 있는 꽃잎들

당신은 땅속에 누워있는데
나는 바다 위를 걷고 있었지

꽃밭에서 꽃들이 한 잎씩 떨어질 때

파도가 휩쓸고 지나간 모래들은
바다 깊은 곳으로 흩어지고
나는 아무것도 잡을 수 없었어

두 남자

13층 건물 6층에 끼어 있는 정신병동

간호사실 옆 천장에 달려있는 샌드백을 치고 있다
술을 끊지 못해 엉망진창이 되어버린 나
있는 힘을 다해 주먹을 휘두르고 있다

 잠긴 문이 열리자 중년 사내가 여자와 함께 들어
온다
 덥수룩한 수염과 퀭한 눈빛
 여자가 면담하는 동안
 데이룸 소파에 고개를 약간 숙인 채 앉아
 눈동자를 사방으로 굴리는 남자
 내가 옆에 앉자 날카로운 눈빛으로 벌떡 일어난다

그가 내 입원 병실로 들어가서 따라간다
잠깐 고개를 까닥하더니 침대에 눕는다

그에게 묻는다
무슨 일로 들어 왔어요?

뒤척거리던 그가
얼마 전부터 텔레비전과 라디오에서
내 얘기를 방송하고 있는데 들었나요?
사창가에 딱 한 번 갔는데
뉴스에 나와
잠도 못 자고 밥도 먹을 수 없어요

하루 종일 방에서도 서성이며
문에 난 작은 투명 유리창에 귀를 대고 있다

침 뱉는 여자

낮 병원 문을 퍽 차고 그녀가 들어온다

소파에 털썩 앉더니 침을 뱉는다 퉤
왜 그래요 물으니
택시 기사가 침 뱉는다고 뭐라잖아요 퉤

헬멧 쓰고 오토바이 탄 남자가
대문 앞에서 기다리고 있다며
20대 초반에 시작된 병

동네 엘리베이터 안에서 퉤
옆에 서 있는 사람 발로 차고
언제요 하며 잡아뗀다고

병원에서
옆에 앉아 있는 사람 발로 차고
퉤 침 뱉는 일은
수없이 일어나지만
아무도 말하지 않는다

끄덕이며 졸고
약 부작용으로 자꾸 빠져나오는 혀를
입안으로 집어넣는다

강박장애
―송충이

한 남자가 문 앞에 엉거주춤 서서는
무언가를 몸에서 떼어 바닥에 내던지고 있다
 이마엔 진땀이 흐르고 입술 사이로 끙끙 소리가
새어 나온다
손은 어깨에서 팔뚝으로 팔목으로 천천히 움직이며
손으로 잡은 걸 벌벌 떨며 바닥으로 내팽개친다
온몸을 다 손으로 훑고 있지만 발은 바닥에 붙어있다
24시간 잡고 잡아도 붙은 게 떨어지지 않는지
슬로우 모션으로 하루가 간다
갑자기 그가 웃옷을 벗으며 소리친다
누구 내 등에서 송충이 좀 떼어줘요

강박장애
—연막소독

계단을 오르락내리락하고 있다
다다닥다다닥
눈이 깜박거려지고 양손은 매달려 있다
나가야지 내려간다
아니야 들어가야지 올라간다
계단 밑 현관 입구에는
하얀 연기가 밀려 들어오고 있다
나를 가로막는 저 안개
빠져나가야지 내려간다
피해야 돼 올라간다
누군가 손을 잡아 방으로 이끌기 전까지
나를 멈출 수 없다
밖은 연막소독이 한창이다

안에서 소용돌이치고 있는 불안의 끄나풀은
지난날의 한 장면이다
지우지 못해 이 의식을 반복한다
늪 가장자리에서 허우적거리다 약기운으로 삼드는 하루
내일은 또 무엇이 내 발목을 잡을까

우주복엔 날개가 없다

날개 없이 하늘 너머로 갈 수 있을까

로드매니저인 그는 정신병동에서
달리고 또 달린다

나가야 한다며 침대 위에 올라서서
천장 텍스를 부수고
창가로 펄쩍 뛰어가 유리를 주먹으로 친다

장정들이 모여들어
온 힘을 다해 발버둥 치는 그를 붙들자
간호사는 재빠르게 그의 엉덩이에 정온제를 주사한다
사람들이 그에게 우주복을 입히고
양팔은 X자 양다리는 거꾸로 Y자
침대 난간에 튼튼하게 묶는다

껍질을 벗으려고 온몸을 흔들고 뒤트는
번데기 속 애벌레

허공으로 고래고래 소리 지르다가
이내 조용해진다

방문에 난 작은 유리창으로
신이 들여다보며 중얼거린다
아무나 날 수 있는 게 아니야
잠 속에 곯아떨어진 그가 웃는다

그는 날개 없이 우주로 날아갔을까

제4부

죽음을 견디는 일

죽음을 견디는 일

간호사 2년 차 근무 중에
심장병을 앓는 환자의 마지막을 지켰다
오후에 환자의 초등생 딸이 와서
빈자리를 보고 울부짖었다
엄마! 엄마! 엄마!
창밖 하늘빛이 흐렸다

그 후 병실에서 마주했던 많은 주검들

환자를 살리기 위해 코드 블루 방송이 나가고
한방 가득 모여들어 숨 가쁜 CPR이 끝나면
환자가 중환자실로 내려가거나
영안실로 떠났다
그리고
늘 때늦은 식사를 하면서
방금 떠난 망자에 대해 모두 입을 다물었다

정신병동 이 씨

대학병원 본관 앞에서
우연히 이 씨를 진료하던 교수를 만났다
잠깐 머뭇거리다 말했다
이 씨가 죽었노라고
한강 변에서 벗어놓은 신발을 찾았고
시신을 인양했는데
어머니 말이
그 얼굴이 그렇게 평안했다고

강박장애
―횡단보도

진료받고 집으로 가는 길
횡단보도 앞에 서서
바닥에 그려진 얼룩무늬를 보고 있다
초록불이 켜진다
발을 내딛는 순간
멈췄던 생각이 널뛰며
더 먼저 반응하는 나의 팔과 다리
걸음을 뗄수록 허둥지둥
왔다 갔다 부산하다
불이 깜빡거리기 시작한다
도로 한가운데 서서
이리 오지도 저리 가지도 못하고
발만 구르고 있다
빨간 불
한 손에 든 약봉지가 바닥으로 떨어져 흩어진다

염습의 시간

반백의 여인이 내 몸을 닦고 있다
소식을 끊은 지 20여 년
중늙은이로 변한 딸
영혼이 떠나버린 나의 알몸을 쓰다듬고 있다
눈물도 없이

구십 평생 쓸모 다한 몸이 호강하고 있다
구석구석 말라붙은 고통과 상처를 알코올 솜으로 닦아준다
오른손을 만지던 그녀가 손바닥에 난 흉터를 들여다보고는
눈물을 쏟기 시작한다

아파트 10층에서 뛰어내려 살아난 사람

10층 아파트 베란다
창문을 열고 의자 위에 서서
아래를 내려 본다

한 달 전부터 소리가 들리기 시작했다
10층에서 뛰어내리지 않으면
아이들이 죽는다며
선택하라고
끊임없이 외치는 소리

목소리가 재촉한다
팔다리가 후들거린다
축축해지는 손바닥
눈을 감는다

두 손 불끈 쥐고
가볍게
땅을 향해 달려간다
나뭇가지 부딪히고 내려앉은 잔디 위

양팔 번쩍 들고 소리 지른다
내가 이겼다!

Bone Scan

흰 시트가 깔린 철판 위에 누워 천장을 본다
회색 텍스들 사이에 노란 얼룩이 그려져 있다
오늘은 뼛속에 저런 흔적이 생기지 않았는지 검사 중이다

빠른 빛들이 머리꼭지부터 발가락 끝까지 훑고 지나간다
이 빛들은 피부를 뚫고 뼛속까지 간다
흔적도 없고 상처도 없다
하지만 내 생각까진 읽지 못한다

들키고 싶었지만 알아채지 못했고
들키고 싶지 않았는데 까발려져서
비바람 속에 알몸으로 서 있던 그때
주워 온 아이
지나갈 때마다 내 등 뒤로 꽂히던

키워준 엄마의 치마폭으로도 가리지 못하고
대문 앞에 버려졌을 때 쏟아지던 눈물이

다시 내게 넘쳐흘렀다

가슴에 쌓인 흉터는 읽어내지 못해도
골절된 갈비뼈의 흔적까지 찾아내는
빛들이 지나간다

아파트 발코니에는 새들이 산다

아파트 실외기 발코니 한쪽
가을 지나 열매를 내려놓은 고추 화분
겨우내 눈비에도 그대로 서 있더니
어느 봄날 손님이 찾아왔다

후드득 날아간 자리
화분 속에 들어있는 황조롱이알 네 개
건너편 아파트 꼭대기에 야경꾼 아비 새

비 오면 오는 대로
바람 불면 부는 대로
어미는 다 견디며 품고 또 품고
알 품는 동안 나도 숨소리 참아가며
가만가만 지켜보았다

한 달쯤 지났을까
알에 금이 가기 시작했다
얼마나 힘을 썼는지 흠뻑 젖은 털들
봄볕은 따뜻하게 말려주고

어미는 한 달 내내 먹이를 날랐다
죽은 한 마리는 다음날 사라졌다

죽은 고추 줄기 한그루 아래
알을 깨고 나와
한 달을 견딘 황조롱이 새끼 세 마리
수많은 날갯짓하고 하더니
수평을 이루며 하늘로 날아올랐다

대파 향이 번지는 저녁

바람 쌩쌩 창문이 떨리는 저녁

외로움이 쌓여가는 주방에서
희고 꼿꼿한 대파를 썰어
기름 두르고 냄새를 피운다
가스레인지 위로 번지는 그리움
부엌 가득 차오른다

오래된 식탁 위에 서성이는 하나의 목소리
체취가 아직 남아있는 의자
떠다니는 마른 공기 대파 향과 섞이면
빈 접시는 덩그러니 창밖을 본다

떠난 네 자리가 이렇게 깊을 줄 몰랐다
어둠 속에 숨어있는 얼굴
슬픔은 매운 연기로 천천히 타오른다

겨울 하늘에 그 향기 날아가면
늦은 저녁 인사

대파 덕에 눈물 난다고 투덜대며
구운 파 한 접시 비워내던 사람

그 자리 여전하고
네가 불던 휘파람 맴도는데
비우지 못한 파 향 한 접시
어둠만 혼자 입맛을 다신다

대파꽃 필 때

한 발로 서서 세상을 보네
곧은 줄기로 겨울을 통과한다

3월 햇볕이 부드러워지면
연둣빛 꽃대가 올라와
새의 부리 닮은 꽃망울에서
꽃이 핀다
줄기의 마른 껍질 사이로 흐르는 진물

제 살 다 내주고
둥둥 떠 있는 우렁이 껍데기처럼
가진 것 다 퍼주고 떠나는 너는
더 멀리 날아가라고 마른 흙 움켜쥐면
뿌리는 통통하게 살이 오른다

대파꽃이 피면
이파리는 시들어간다

단호박 스프

스프를 끓인다
농약 안 치고 애면글면 키웠다는 단호박은
비바람을 어찌 견뎠는지
온몸에 흉터를 가진 못난이들이다
겉껍질을 벗겨내면 보이는 노란 속살
냄비 안에서 잠든 바람들을 깨우며
끓어오르는 황금빛 소용돌이를 내려 본다
깊이 가라앉은 나를
조금씩 흔드는 뜨거운 물결이다
어둠을 밀어내는 뜨거움이다
노랑나비 따라가던 어린 날이 아련하고
시간의 껍질들이 손에 가득 쌓일 때
단호박 스프를 끓인다

아산병원 장례식장

10여 년 만에 찾은 아산병원
현관 입구에서 정면으로 보이는 전광판에
세상을 뜬 이들의 영정 사진과 이름들이
줄지어 떠 있다
내가 가야 할 곳을 알려주는 이정표

평생 우는 모습을 본 적이 없는데
언니의 눈물이 영정 사진 위에 번지고 있네

삼베옷으로 갈아입은 형부가 누워서
친지들을 맞이하고 있다
형부의 이마가 몹시 차가워
다른 길에 서 있구나
멈추지 않는 울음소리가 염습실 천정을 맴돌고
장의사들은 조심스럽게 염을 진행하며
오동나무 관 속으로 형부를 옮긴다

관 뚜껑을 닫았다

야누스의 별

별에 어둠이 가득합니다

내 곁에는 밤낮없이 색색의 별이 떠 있습니다
리모컨을 손에 쥐고 TV를 향해 초록 별을 쏩니다
비디오 폰에는 파란 별이 켜있습니다
컴퓨터의 전원을 누르면 빨간 별이 뜹니다
모니터에도 초록 별이 뜹니다
대낮에도 곁에 있는 별들에 중독되어 있습니다

외출하면 별들이 따라옵니다
지하철 안에서는 사람들이 손안의 별들을 들여다 봅니다
소리 없이 스며들어 숨을 조여도 집중하고 있습니다
손안의 별들은 옆 사람에게는 뜨지 않습니다

어느새
마음속 별들이 점점 희미해지고 있습니다
하늘은 빛을 잃어 가는데
죽어서는 하루 종일 하늘만 올려봅니다

방비엥 블루라곤

작은 연못이다
물은 맑고 푸른 빛 수심은 오 미터
라오스 아이들이 큰 나무 중간 줄기에 있는
다이빙대에서 뛰어내린다

산에서 흘러내리는
라오스의 물줄기가
먼 길을 달려와서
방비엥 블루라곤
방비엔 블루라곤

라오스, 라오스, 라오스

5개 나라에 둘러싸여
바다가 없는 동남아의 한 나라
내륙 한가운데로 메콩강이 흐른다

여행객들에게 구걸하는 아이들은 보이지 않고
스쿠터를 타고 다니는 여자들이 더 많다

거리마다 고개 든 Beer Laos란 간판
라오스의 하나뿐인 공장, 맥주를 만든다고

아침이면 들판에서 풀을 뜯다가
오후 5시가 되면 집으로 돌아가는 소 떼들
물소들도 트럭들이 날리는 먼지를 뒤집어쓰고
들판으로 간다

삼모작 덕분에 먹고 살 걱정은 없고
느릿느릿 움직이며
주어진 하루하루를 잘 받아넘긴다

라오스 몽족

소수민족이고
라오스 산속 깊은 곳에 살고 있다

베트남 전쟁 당시 미국을 지지한 몽족
전쟁이 끝나자 라오스 정부는
남아 있는 몽족의 90퍼센트 이상을 처형했다
살아남은 사람들은 산속 깊은 곳으로 도망갔고
주변 국가로 피해 갔다

지금 제 땅에서 살고 있는 사람들이
가까운 중국이나 미얀마, 베트남에 있는 사람보다 적다

전쟁이 끝난 지 50여 년
몽족 여인들은 마사지샵에서 일하거나
야시장에서 물건을 팔고 있다

제5부

군산

적산가옥

중고등학교 6년 등하굣길에
높은 담장에 둘러싸인 일본 저택이 있었다
담장 위로 솟아 오른 나무들만 보았고
6년 내내 그 집 대문이 열리는 걸 본 적도 없었다
어떤 사람이 사는지 궁금했지만
군산의 유명 목재회사 사장이 산다는 소문만 들었다

그 후로도 오랫동안 그 집 대문은 닫혀 있었다

2005년 6월
국가등록 문화유산 제183호가 되어서야
관광객들이 구경할 수 있도록 개방되었다

군산 월명공원에서 만난 벚꽃

4월
수시탑 아래 계단 위
멀리 금강 건너 장항제련소의 굴뚝이 보이고
탑 아래 길게 뻗은 계단 옆으로
벚꽃이 가득하다
떨어지는 꽃잎은 조용히 흩어지는데
네 그림자 계단마다 가득하네

플라타너스의 집
—삼 남매

젊은 아줌마가 아이 셋을 데리고
앞집으로 이사 와서는
좁은 일본식 현관 안에
술상 두 개 있는 대폿집을 차렸다

동네 엄마들이 쫓아가 소리를 질렀지만
더 큰 목소리로 맞서던 아줌마는
저녁이면 사내들과 술 마시고 젓가락을 두드리며
간판도 없던 대폿집은 시끄러웠다

낮에는
그 집 앞 커다란 플라타너스 나무 아래에서
동네 아이들이 숨바꼭질하거나
무궁화꽃이 피었습니다 놀이를 했다
나무 위에도 오르내렸다
도수 높은 안경을 쓴 그 집 언니도
소처럼 껌벅이는 눈을 가진 막내 남동생도
예쁜 얼굴의 수다쟁이 여동생도
함께 놀았다

그 집 언니에게 민화투 치는 법을 배운 나는
엄마의 눈을 피해 뒷문으로 드나들며
세 아이의 성씨가 모두 다르다는 것도 알았다

몇 년을 그렇게 동네 사람들의 눈치를 받으며
견디던 대폿집은
어느 날
동생 둘은 각자 아버지에게 보내고
언니와 아줌마는 가게를 닫고 떠났다

염습의 시간

첫사랑에 실패하고 돌아온 날
엄마는 내게 오른 손바닥 흉터를 보여주며 말했지
흉터도 상처도 지워지지 않는 거라며
곧 지나갈 거라고 말하는 엄마의 눈은 젖어 있었어
내 등을 두드리던 그 손의
상처를 가슴에 품은 엄마

엄마의 방식과 맞지 않아 오랫동안 떠났는데
내 앞에서 엄마는 조용하다
수의를 입고 곱게 화장한 뽀얀 얼굴이
꿈처럼 내 앞에 떠 있네

이제 흉터마저 온기를 잃고
화장장의 불길 속에서 타오르다 사라지겠지
엄마의 흉터도
내 상처도

갑자기 솟아오르는 눈물을 멈출 수 없네
그때처럼 다 무너지고 있어

구두와 운동화

겨울 아침마다 부엌에선 신발 굽는 냄새가 났다
내 운동화보다 더 헤진 아버지 구두에서는
고단한 연기가 모락모락 올라왔다

시내버스가 없던 작은 도시
늦은 저녁 아버지는 막걸리 한 잔에
흙이 잔뜩 묻은 낡은 신발로 돌아오시곤 했다
엄마는 말라붙은 흙덩어리 말없이 털고
밑창을 씻어 부뚜막에 올렸다

아침 부뚜막 아버지 신발 옆
낡았어도 버릴 수 없던 내 운동화

겨울 부엌에서 신발 굽는 냄새가 났다
냄새가 익어 갈수록 발은 따듯해지고
걸음도 가벼워졌다

박대구이

여름이 시작되면
아침 밥상에는 연탄 화덕에 구운 박대가 올라왔다
째보선창의 비릿한 냄새도
금강 하류의 누런 물길도 밀어내던 담백한 생선
누르스름한 껍질 속에 감춰진 뽀얀 속살이 올라왔다

군산

월명공원 입구에 있는 흥천사 아랫길
잘 가꾼 나무들이 있는 일본식 큰 집들이 모여 있었다
초등학교 친구네 집

친구 아버지는 여러 빛깔 장미를 키우고 있었다
나는 현관보다 장미가 피어있는 뒷문으로 드나들었다
문을 열면 코끝으로 스며드는 장미향기
화단 가득 피어있는 붉고 노란 분홍 하얀 장미
소녀는 늘 그곳에 있었다

이제
군산 월명공원 흥천사 아랫길은 사라졌다
공중화장실과 주차장이 들어섰다

군산 뜬다리 부두

여름방학이 시작되기 전 7월
오후 수업이 끝나고
친구가 뜬다리 부두에 가자고 말했다

짐을 나르던 남자들에게서
흩어지는 항구의 냄새
뜬다리 위를 걸어가면
발아래 넘실거리는 황톳빛 물결로
나는 항상 긴장하곤 했다

뜬다리 위를 조심조심 건너자
그 끝에서 바람을 맞고 있던
투명한 병 한 개
그 안에는 발목 하나가 액체 속에 담겨 있었다
물속으로 사라진 친구 오빠의 발

심장이 뛰기 시작했다
친구와 잡은 손이 축축해졌다
작은 바람에도 흔들리는 뜬다리 위에서

친구는
뿌연 강물을 바라보고 있다

군산근대건축관

초등학교 4학년 때 아버지와 처음 간 은행
빨간 벽돌 건물 입구는 하얀 돌로 장식
돌계단 몇 개 올라가 큰 문을 열고 들어갔다
높은 천정과 아주 넓은 공간
공기도 서늘했다

해변 사거리 모퉁이
길 건너엔 중국집 빈해원
호남제분 밀가루 공장도 가까운 곳에
한일은행은 홀로 그곳에 오래도록 있었다

어느 해
친정 가는 길에 은행 건물이
나이트클럽으로 바뀐 것을 보았다
가슴이 철렁했다
그리고
신문에 기사들이 계속 올라왔다
 조선은행 군산지점으로 시작했던 건물의 역사에
대하여

나이트클럽은 문을 닫았고
지금은
군산근대건축관이 되었다

박용하 그날

그가 세상 떠났다는 소식을 들었다

그날
일본 교토와 오사카 여행을 마치고
김포공항 에스컬레이터를 내려오고 있었다
반대편 에스컬레이터로
Ermes 스카프를 목에 두른 여인이 올라간다고
딸이 옆에서 말했다
그리고
휴대폰을 들여다보더니
어머, 박용하가 사망했대 한다

순간 공항 로비의 모든 소리가 들리지 않았고
모든 움직임이 멈추었다

거울의 눈을 훔치다

에센스를 바르고 기능성 크림을 더한다
그리고
파운데이션으로 피부를 하얗게 만들고
파우더로 두드린다
얼굴 위에 그림을 그린다
덧칠할수록 낯설다
눈썹 펜슬과 립스틱을 집어 든다

거울 앞에서는
감추고 싶은 지난 흔적들을
숨길 수 없어 분장을 한다
거울 앞에서는
내 뒤에 늘어선 길들이 아팠어도
눈물은 보이지 않는다
거울 앞에서는
어제가 아무리 안타까워도
눈을 감지 않는다

■해설

상처에서 출발한 긍정의 힘

이대흠(시인, 문학박사)

1. 시어가 신의 언어에 가까워질 때

아무리 많은 말을 해도 시가 되지 않는 경우가 있는 반면에 말하지 않으려 해도 터져 나오는 시가 있다. 시의 궁극이 '말을 하고자 하는 데'에 있는 것이 아니라, '할 수밖에 없는 말'에 있다고 보았을 때, 유수 시인의 「시가 이야기하고 있다」는 시의 한 경지에 놓여있다.

인간의 언어는 분화되어서 같은 인간끼리도 언어권이 다르면 소통을 할 수가 없다. 따라서 신의 언어를 모두가 소통이 가능한, 완전한 언어라고 가정한다면, 인간의 언어는 신의 언어로부터 너무 멀어졌다. 이 불통의 언어로 소통을 꿈꾸는 게 시이기에 시는 인간의 말이 필요 없는 어떤 정점을 지향한다. 그런 언어에 가까운 게 어린아이의 옹알이요, 다급할 때 외치는 외마디이다. 대개는 감탄사나 단말마에 가까워 통역이 없어도 금세 의미를 알아차릴 수 있다. 유수 시인의 시집은 그러한 신의 언어에 가까운 말로 채워져 있다. 수식이 거의 없고, 탄성 같고 비명 같은 고갱이만 남아있다.

2. 낮아서 높은 공감의 경지는

시집 『십이 년 열두 해 열두 번째 여름』은 병원 얘기가 많다. 그만큼 아픈 사람들이 주 대상이다. 그리고 이 시집에 등장하는 화자는 시인과 거의 구분이 되지 않는다. 대부분의 작품 속에서 시인이 직접 독백을 하고 있다. 시인은 간호사로 오래 근무했고, 3차례의 뇌수술로 어린아이의 지능을 가진 남편을 밤낮으로 돌봐야 하는 처지이다. 더구나 자신도 건강한 상태가 아니다.

　　5층 로비 창가에 서면 창경궁 안마당이 보이고
　　궁 안을 걷는 사람들의 발걸음이 여유롭다

　　그해
　　1월부터 4주마다 한 번씩
　　낮 병동에서 항암 주사를 맞았다
　　주사를 맞는 서너 시간 동안
　　커튼 너머 옆 환자의 침 넘기는 소리
　　이불자락 들추는 소리도 들렸지만

서로 아무것도 묻지 않았다

정맥주사를 놓는 간호사가
알코올 솜으로 혈관이 보이는 부위를 닦으며
작은 목소리로
수간호사님 환자가 되었네요

12번의 항암 주사를 맞으면서
누워 있던 그 방에
창문은 있었는지
하늘은 보였는지
기억이 없다
첫 주사를 맞았던 밤
몸 안에 가득 차오르던 안개
그 기억만 확실할 뿐

- 「암병동 낮 병원」 전문

　수간호사였던 그는 자신이 근무한 병원에 암환자가 되어 입원해 있다. 1월부터 4주마다 한 번씩 12번의 항암 주사를 맞았으니, 꼭 1년 동안 항암치료를 했다. 그런데 암이라는 병을 앓으면서도 아프다는 표현을 하지 않는다. 놀랍게도 화자의 눈에는 정맥주사를 놓은 혈관 부위가 보이고, 간호사의 '수간호사님 환자가 되었네요'라는 목소리만 남아있다. 앞이 캄캄했다는 말 대신에 '누워 있던 그 방에 / 창문은 있었는지 / 하늘은 보였는지 / 기억이 없다'는 진술만 있다. 울음도 없고, 한탄도 없다. 그런데 오히려 깊은 속을 울린다. 유수 시인의 시가 지닌 힘이다. 감정을 절제하여 독자를 먼저 울린다.

> 중환자실 침대에 누워 있는 그에게선
> 사람 냄새가 나지 않습니다
> 머리를 붕대로 싸매고 퉁퉁 부은 얼굴이
> 낯설기만 합니다
>
> 살아서 숨쉬기 때문이 아니라
> 기관 삽입술 한 튜브 위로 쏟아지는 산소 때문에
> 살아 있습니다
>
> 신이 목숨 줄을 놓기 기다리는 동안
> 그는 감은 눈 속에서 무슨 생각을 할까요
>
> 의사들은 끊임없이 큰 소리로 말합니다
> 손 들어보세요 발 움직여 봐요
> 맨발을 잠깐 흔들 때
> 그의 발톱이 노랗게 떠오릅니다
> - 「의정부 성모병원」 전문

이 시의 시적 대상인 그가 누구인지는 분명하지 않다. 그러나 화자의 시선을 따라가면 산소호흡기로 연명하는 환자의 모습이 보인다. 중환자실 침대에 눕기 전에도 알던 사람이니, 가족이거나 아주 가까운 사이이다. 생생했을 때와는 전혀 다른 모습으로 누워있는 환자는 사물에 가까워서 사람 냄새마저 나지 않는다. 화자는 담담하게 '신이 목숨 줄을 놓기 기다리는 동안 / 그는 감은 눈 속에서 무슨 생각을 할까요'라고 말한다. 실은 화자가 그에 대해 너무 많은 생각을 하고 있다는 것을 이렇게 표현했다. 간절하다는 말이 없는데, 간절함이 와 닿는다. 화자의 마음이 그에게도 전해졌을까. 그가 '맨발을 잠깐 흔들 때 / 그의 발톱이 노랗게 떠오릅니다' 이 발톱은 달과 닮았다. 달이 떠오를 때, 식물들의 뿌리가 튼실해진다는 것을 아는 이라면, 노란 발톱이 떠오른다는 대목에서 작지만 그치지 않을 생명의 에너지를 느낄 수 있다. 이 시는 대상의 몸 전체가 아니라, 발톱 하나에 독자를 묶어두고 독자의 감정선을 강력하게 건드는 힘이 있다.
　유수 시인의 시집 『십이 년 열두 해 열두 번째 여름』에는 환자라는 단어가 25번 나오고, 병원 27번, 병동 28번, 간호라는 말은 16번이 나온다. 그만큼 이 시집은 아픈 사람, 아픈 이야기가 많다. 시인이 돌보는 환자는 오래 아프고, 완치 가능성이 낮고, 시인 자신도 아프다. 더구나 시인이 오랫동안 병원에서 근무했기 때문에 환자들을 보는 게 일상이었다. 그런데 시인은 또 병원을 들락거리고, 밤낮으로 환자를 돌봐야 하는 형편이다.

35년간 일했던 직장에서 퇴직하면서 꿈이 많았다
경복궁 수라간에서 궁중요리를 넉 달 배우고
여름이 시작되기 전 일요일 밤
구급대원에게 걸려 온 전화 한 통
그렇게 시작하여
벌써 열두 번째 여름이 지나갔다

세 번의 수술을 거쳐 3개월 만에
의식이 돌아온 그는 1급 장애인이 되었다

음식물을 모두 갈아서 준비해도
먹을 때마다 기침하여
사방으로 음식 찌꺼기들이 튀었고
걷지 못하고 생리현상도 느끼지 못하여
스물네 시간 대기상태가 지속되었다

그렇게 하루가 한 달이 한 해가 쌓여서

열두 해가 되었다
어린아이가 되어버린 그는
오늘도 한밤중에 일어나
놀이터 가자
놀이터 가자며
문을 흔들고 있다
　　-「십이 년 열두 해 열두 번째 여름」 전문

  간호사로 35년 근무했다. 병과 마주하는 일을 했으니, 병이 직장이었다. 병에서 근무하고, 병과 함께 야근도 숱하게 하였으니, 퇴직하는 순간 얼마나 병에서 벗어나고 싶었겠는가. 꿈도 있었다. 경복궁 수라간에서 궁중요리를 넉 달 배우고 싶은 것이었다. 아마 교대 업무로 돌아가기 일쑤인 간호사의 직업적 특성상 제대로 된 식사를 못할 때가 많았을 것이다. 따라서 근사한 궁중요리를 직접 차려서 가족들과 오순도순 밥상을 마주하고 즐겁게 보내고 싶지 않았겠는가. 그런데 구급대원의 전화 한 통이 작고도 소박한 꿈을 앗아가 버렸다. 남편이 쓰러져 응급실에 실려 가고, 겨우 석 달이 지나서 깨어난 남편은 서너 살의 아이가 되어버렸다. 그 아이를 평생 간호사였던 화자가 또 간호하고 있다. 평생을 환자 돌보는 일을 하는 셈이다.

계단에서 떨어져 뇌 손상을 입고
석 달 만에 깨어나서
앉는 법이 생각나지 않아
기억의 퍼즐이 어긋난 거라고
                    -「의자에 앉는 법」부분

그러나 남편은 서너 살의 지능이라 밥 먹는 것, 똥 싸는 것도 혼자서는 하지 못한다. 이런 환자를 돌보는 일을 며칠이라도 해본 사람이라면 훨씬 공감할 수 있을 것이다. 체력이 좋은 젊은 남자도 이처럼 특별한 환자를 한 이틀만 보살피는 일을 맡아도 몸은 녹초가 되고, 진이 다 빠진다. 그런데 화자는 환자를 돌보면서 오는 힘듦과 고통에 대해서는 말하지 않는다. 오히려 '앉는 법이 생각나지 않아' 의자에 앉을 때도 불안하게 앉거나 의자를 탓하는 남편을 보면서, '기억의 퍼즐이 어긋난 거라고' 이해한다. 수행자가 아니고서야 이런 마음을 갖기는 쉽지 않다. 어쩌면 시인은 남편이 아픈 뒤 그것을 받아들이는 과정에서 마음 다스리는 방법을 터득했겠다. 대상에 대한 깊이 있는 이해와 긍정이 아니면 나올 수 없는 구절들은 그렇게 얻어졌을 것이다.

내 남편은 시
시가 이야기하고 있다

새벽 2시 되면 잠 깨서 하는 말
밥 먹자
밥 먹자
밥 먹는 시간 아니라 하면

놀이터 가자
놀이터 가자
놀이터 문 닫았다 하면

김포공항 가자
제주도 가자
시계 사러 가자
양복 하러 가자

시가 이야기하고 있다
- 「시가 이야기하고 있다」 전문

 뇌 손상이 있는 남편이 어린아이처럼 말하고 행동해도, 있는 그대로를 받아들인다. 수시로 '밥 먹자 / 밥 먹자' '놀이터 가자 / 놀이터 가자'라고 말하는 남편은 몸만 어른이지 뇌는 어린아이이다. '김포공항 가자 / 제주도 가자' 가자는 곳도 많고, 하고 싶은 것도 많은 어린아이의 말을 다 들어줄 수도 없을 뿐만 아니라 불가능한 것도 많다. 그런 말을 계속 듣다가, 밥 수발 똥 수발에 수시로 병원에 데리고 가야 하는 일상이 얼마나 고단할 것인가. 그런데 그런 남편의 말을 '시'로 받아들인다. 끝까지 다정함을 잃지 않고, 남편의 속으로 들어가서 공감한다. 까마득한 공감의 경지에서 시가 터진다. 가장 버거운 짐일 수도 있는데, 그 짐이 아름다운 시어를 토해낸다.

3. 어디서든 시가 이야기한다

정년퇴직하고 십이 년이 넘었다. 하루도 보살피기 힘든 환자와 24시간을 함께 지낸다. 따로 수행을 공부하지 않았어도 그 삶은 온통 수행이겠다. 거친 데는 다 마모되어 마음의 모서리까지 부드러워졌겠다. 그래서인지 화자가 보는 세상의 모든 대상은 시가 된다. 환자인 남편만 시인 것이 아니라, 주변에서 만나는 사람들이 모두 시가 되어 말을 한다.

나의 하루는 심장박동처럼 쉬지 않습니다

서쪽으로 지는 달을 보고 출근하고
동쪽에 뜨는 달을 보고 퇴근합니다

환자 돌보는데 서투르고
보호자를 대하는 일은 더 힘들어요
의사 오더도 기억 못 하고
선임 간호사 설명도 어렵기만 해서
늘 손과 마음이 떨립니다

발이 붓도록 뛰어다녀도
물 한 모금은커녕
화장실 갈 시간도 없지요
- 「나는 신규 간호사입니다」 전문

 신규 간호사를 화자로 설정한 이 작품은 누군가를 보살펴야 하는 이의 틈 없는 일상이 잘 드러나 있다. '나의 하루는 심장박동처럼 쉬지 않습니다'는 말은 단순한 비유가 아니다. 심장박동이 멈추면, 한 목숨이 죽는다. 따라서 심장박동은 '멈추지 않는' 것이 아니라, '멈춰서는 안 된다.' 멈추고 싶어도 멈추지 않아야 하는 게 심장의 일이다. 그만큼 간호사는 특수하고 중요한 임무를 맡고 있다. 하지만 유수 시인의 「시가 이야기한다」에서 이 작품이 특별히 의미 있는 것은, 시적 화자의 시선이 비로소 외부로 향했다는 점이다. 대개의 작품이 아픈 남편과 간호하는 나(화자)에 한정되어 있다면, 이 작품을 비롯한 몇몇 작품은 제3의 인물들이 등장한다. 사람의 의식이 갇혀 있을 때는 전봇대도 벽으로 보여 앞으로 나아가지 못한다. 그런데 시인이 그 벽을 넘기 시작한다.

  백팔십 센티미터는 넘는 키에
  어깨가 떡 벌어진 몸매
  작은 눈에 날카로운 눈빛
  아저씨 인상은 그랬다

  휴대폰이 생기기 전까지
  구두 가지고 수선집에 가면
  재빠르고 정확한 손놀림으로
  새 구두처럼 만들어 내던 아저씨
  씩 웃어도 눈이 안 보이고
  전화 받으면 즉시 달려오던

  새로운 병원 건물들이 자주 들어서면서
  아저씨 일터 위치도 매번 바뀌었지만
  40년 넘게 지금도 일하고 있다고
              -「서울대병원 구두 아저씨」전문

「나는 신규 간호사입니다」와 「서울대병원 구두 아저씨」에서 보이는 화자나 대상의 특징은 성실성이다. 신규 간호사는 달을 보고 출근해 달을 보고 퇴근하는 와중에도 일을 더 잘해보려는 의지를 보여준다. 구두 아저씨는 40년 넘게 같은 일을 하고 있다. 병원 시설이 늘어나거나 배치가 달라질 때면 어김없이 자리를 빼앗기지만, 여전히 같은 솔로 구두를 닦고, 전화만 줘도 즉각 달려와서 망가진 구두를 새 구두처럼 만들어 준다. 비로소 시인은 밖을 본다. 신규 간호사도 보고 구두 아저씨도 본다. 이렇듯 화자의 시선이 밖으로 향했다는 것은 삶에 대한 긍정의 힘이 생겼다는 의미이다. 자신에 갇혀 막막할 때는 밖을 둘러볼 여유가 없다. 이제 보인다. 보는 자는 자신을 바꿀 수 있다. 이제 화자는 시인과 대상을 드나들며 더 깊은 내면의 세계를 포착하기도 한다.

커다란 라디오를 어깨에 메고
하루종일 병동 복도를 왔다 갔다 한다
주파수는 늘 AFKN에 맞추고
새벽에 눈 뜨면 켜고 잠들 때 끈다
　　　　　　　 -「정신병동 이 씨의 하루 부분

보통 사람은 접근하기 힘든 곳이 정신병동이다.

그곳에서 화자는 정신병원에 입원해 있는 이 씨를 본다. 라디오를 어깨에 메고 병동 복도를 왔다 갔다 하는 이 씨, '그는 주파수는 늘 AFKN에 맞추고 /새벽에 눈 뜨면 켜고 잠들 때 끈다' 그렇기에 이 씨는 오직 라디오와만 소통하고, 그것도 정해진 채널을 통해 정보를 받아들인다. 기이한 행동으로 보일 수 있는 이 씨에 대해 화자는 관찰자에 머물지 않고, 그의 악몽 속으로 들어간다.

　잠들면 주파수는 악몽에 맞춰지고
　저벅저벅 걸어와서 문 두드리는 소리
　머리 위에서
　어둠 가득한 풍선들이 하나씩 터지는 소리
　꿈속에서도 벗어나지 못해
　　　　　　－「정신병동 이 씨의 하루」부분

'잠들면 주파수는 악몽에 맞춰지고'라고 했다. 깨어있을 때는 라디오에 주파수를 맞출 수 있지만, 잠든 후에는 주체의 의지와 상관이 없다. 그래서 악몽에 맞춰지는 것이다. 거부할 수 없는 불가항력에 저항할 수 없을 때의 인간에게는 선택지마저 없다. 따라서 의식이 있을 때만이라도 주체의 의지에 의해 라디오의 특정 채널에 가두는 것이다. 어쩌면 라디오가 더 지독한 감옥이다. 그렇지만 그 특정한 주파수에 가두지 않으면, 바로 악몽이 침투한다.

　강제로 앰블런스에 실려서
　정신병동
　철창문 닫히는 소리
　알약들을 삼키는 소리

　밥 먹을 때도
　산책할 때도
　라디오를 어깨에 메고 있다
　소리를 지우기 위해 다른 문을 두드린다

　라디오도 메우지 못한 틈과 틈 사이로
　들리는 하나의 소리
　벗겨진 내 흰 이마 위로 흐르는 어머니의 눈빛
　　　　　　－「정신병동 이 씨의 하루」 부분

「정신병동 이 씨의 하루」를 분석하면, 1연에서만 관찰자로서의 화자가 나오고, 2연과 3연에서는 화자가 대상 속으로 들어가 있다. '어둠 가득한 풍선들이 하나씩 터지는 소리 / 꿈속에서도 벗어나지 못해'에서 보이듯 화자만이 감지한 이미

지가 구체적으로 드러난다. 풍선들이 하나씩 터지는데, 그 풍선 안에는 어둠이 가득하다. 보통은 풍선 터지는 장면에서 연상할 수 있는 것은 축제인데, 이 풍선들은 어둠으로 가득 차 있어서, 어둠의 축제라는 역설이 가능하다. 그리고 화자는 대상을 따라다닌 것처럼 여러 가지 소리를 나열한다. 대상은 병동에 갇힌 자이고, 병동에 갇혀서도 자신만의 라디오에 더 깊이 자신을 가둔 자이다. 그에게 외부는 공포의 대상이다. '강제로 엠블런스에 실려서 / 정신병동'에 와야 했고, 외부와의 통로인 철창문은 닫혔다. 나가고 싶어도 나갈 수 없다. 외부로부터 가해진 폭력에 저항할 수 없는 개인은 입을 다문다. 따라서 정신병동 이 씨는 라디오만 듣는다. 이 말은 곧 '입을 다물고 귀만 열었다'는 말로 해석이 가능하다. 귀만 열린 자는 외부 세계를 소리로만 접촉한다. 대개의 소리는 폭력적이다. 밖에서 들려오는 '철창문 닫히는 소리'도 무섭고, 안에서 흘러나오는 '알약 삼키는 소리'도 긍정적이지 않다. 그가 찾는 소리가 없어서, 그는 라디오 소리로 다른 소리를 지우려 한다. 따라서 라디오 소리는 그가 찾은 최소한의 대피처이자, 감옥이며, 방어막이다. 하지만 그에게도 희망이 있다. '라디오도 메우지 못한 틈과 틈 사이로 / 들리는 하나의 소리'가 있다. 그 소리는 이내 '어머니의 눈빛'으로 몸을 바꾼다. '벗겨진 내 흰 이마 위로 흐르는 어머니의 눈빛'을 보라. 귀만 열렸던 대상의 눈빛이 살아나는 것 같다. 그리고 마지막 줄의 '나'는 누구인가. 즉 '벗겨진 내 흰 이마'에서 말하는 '내 흰 이마'에 나오는 나는 누구인가. 환자인 '이 씨'인가. 환자를 보고 있던 '외부 화자'인가. 청각적 심상이 시각적 심상으로 전환되면서 발생하는 이미지의 화학반응에 희망을 본 자는 정신병동 이 씨와 동일시된 화자이다. 즉 이 씨도 화자도 어머니의 눈빛에 헹구어진다.

한 남자가 문 앞에 엉거주춤 서서는
무언가를 몸에서 떼어 바닥에 내던지고 있다
이마엔 진땀이 흐르고 입술 사이로 끙끙 소리가 새어 나온다
손은 어깨에서 팔뚝으로 팔목으로 천천히 움직이며
손으로 잡은 걸 벌벌 떨며 바닥으로 내팽개친다
온몸을 다 손으로 훑고 있지만 발은 바닥에 붙어있다
24시간 잡고 잡아도 붙은 게 떨어지지 않는지
슬로우 모션으로 하루가 간다
갑자기 그가 웃옷을 벗으며 소리친다
누구 내 등에서 송충이 좀 떼어줘요

- 「강박장애 - 송충이」 전문

 정신병동에서 만난 환자들은 우리의 무의식에 짙게 깔린 그림자를 확대해 보여준다. 환자가 따로 있는 것이 아니다. 사람마다 정도의 차이만 있을 뿐이다. 그래서 이상행동으로 보이는 그들의 행동은 감추어진 우리의 내면이 표출된 모습이다. 따라서 그들의 행동은 우리가 안고 있는 각종 질환을 상징적으로 드러낸다. 강박장애가 환자에게만 있을 것인가.「강박장애 - 송충이」를 읽으면서 공감 능력이 있는 독자라면 떼어낼 송충이가 자신에게도 있음을 발견하고 소스라치지 않을 수 없다.

4 내면의 상처를 치유하는 몰약
 평생을 환자와 마주했다고 보아도 과언이 아닐 시인은 죽음마저도 분리하지 않는다. 한 사람이 죽었다. 삶의 이면이 죽음이라지만, 죽음은 인간에게 가해지는 가장 강력한 폭력이고, 그걸로 끝이기에, 여백도 없다. 후일담마저도 죽음의 것이 아니라서 회복 불가능하다.

대파 덕에 눈물 난다고 투덜대며
　　구운 파 한 접시 비워내던 사람

　　그 자리 여전하고
　　네가 불던 휘파람 맴도는데
　　비우지 못한 파 향 한 접시
　　어둠만 혼자 입맛을 다신다
　　　　　　　　　-「대파 향이 번지는 저녁」부분

　죽음을 직면하고도 화자는 담담하다. '대파 덕에 눈물 난다고 투덜대며/ 구운 파 한 접시 비워내던 사람'이었다. '대파 탓'이 아니라, '대파 덕'이다. 눈물 흘리게 한 대상마저도 긍정적으로 바라보는 시선이 이 한 구절에 들어있다. 죽은 그는 참 따뜻한 사람이었을 것 같다. '네가 불던 휘파람 맴도는데/ 비우지 못한 파 향 한 접시'가 있다. 그래서 '어둠만 혼자 입맛을 다신다' 네가 없는 나는 캄캄해졌다는 말을 이렇게 감정이입을 하였다. 너 이후로 나는 어둠이다.

　별에 어둠이 가득합니다

　내 곁에는 밤낮없이 색색의 별이 떠 있습니다
　리모컨을 손에 쥐고 TV를 향해 초록 별을 쏩니다

비디오 폰에는 파란 별이 켜있습니다
컴퓨터의 전원을 누르면 빨간 별이 뜹니다
모니터에도 초록 별이 뜹니다
대낮에도 곁에 있는 별들에 중독되어 있습니다

외출하면 별들이 따라옵니다
지하철 안에서는 사람들이 손안의 별들을 들여다봅니다
소리 없이 스며들어 숨을 조여도 집중하고 있습니다
손안의 별들은 옆 사람에게는 뜨지 않습니다

어느새
마음속 별들이 점점 희미해지고 있습니다
하늘은 빛을 잃어 가는데
죽어서는 하루 종일 하늘만 올려봅니다
- 「야누스의 별」 전문

별은 빛나는 것인데, '별에 어둠이 가득합니다'라는 문장으로 시가 시작된다. 도저한 역설이 독자의 관심을 끈다. 내 곁에는 색색의 별이 떠 있고, 대낮에도 나는 곁에 있는 별들에 중독되어 있다. 온통 별들이다. 그런데 유독 어둠으로 가득 찬 별이 있다. 나의 별이다. 내가 품은 별은 어둠으로 가득 차 있다. 내면의 별은 다른 사람의 눈에는 보이지 않는다. 사람만이 아니라, 만나는 대상마다 별로 보인다. 곳곳이 별이다. 사람들이 손안의 별을 들여다본다. '손안의 별은 옆 사람에게는 뜨지 않습니다'라는 구절로 보아 손안의 별은 자기만의 별을 뜻한다. 마음속에도 별이 뜨고, 어두운 방 안에도 별들이 켜져 있다. 그런데 어둠이 가득 찬 별은 어떤 별일까. 시의 마지막에 가서야 비로소 비밀이 풀린다. '마음속 별들이 점점 희미해지고 있다.' 빛을 잃어가는 별이다. 빛을 잃은 별은 검은 별일 것이다. 실제로 우주에는 우리 눈에 보이는 별보다 빛나지 않는 별이 더 많다고 한다. 마음의 별들이 희미해지는 것과 동시에 '하늘은 빛을 잃어'간다. 빛을 잃은 별은 죽은 별이다. 사람들은 빛나지 않는 별을 별이라고 여기지 않기 때문이다. 검은 별인 나는, 죽어서는 종일 하늘만 올려다본다. 하늘에서도 어둠으로 가득 찬 나를 보는 별이 있을 것이다.

죽음은 마지막에 당도할 지점이기도 하지만, 우리는 수많은 죽음을 지나왔다. 어제까지는 이미 죽었고, 내일은 도착하지 않았기에 생은 늘 위태롭게 순간인 현재를 살아간다. 과거도 미래도 부재하지만, 현재의 난간을 걷기 위해서는 시간의 연속성에 의지해야 한다. 그래서 이미 죽은 과거가 현재의 나를 부축하기도 하고, 일으켜 세우기도 한다.

    젊은 아줌마가 아이 셋을 데리고
    앞집으로 이사 와서는
    좁은 일본식 현관 안에
    술상 두 개 있는 대폿집을 차렸다

    동네 엄마들이 쫓아가 소리를 질렀지만
    더 큰 목소리로 맞서던 아줌마는
    저녁이면 사내들과 술 마시고 젓가락을 두드리며
    간판도 없던 대폿집은 시끄러웠다

    낮에는
    그 집 앞 커다란 플라타너스 나무 아래에서
    동네 아이들이 숨바꼭질하거나
    무궁화꽃이 피었습니다 놀이를 했다
    나무 위에도 오르내렸다
    도수 높은 안경을 쓴 그 집 언니도
    소처럼 껌벅이는 눈을 가진 막내 남동생도
    예쁜 얼굴의 수다쟁이 여동생도
    함께 놀았다

    그 집 언니에게 민화투 치는 법을 배운 나는

엄마의 눈을 피해 뒷문으로 드나들며
세 아이의 성씨가 모두 다르다는 것도 알았다

몇 년을 그렇게 동네 사람들의 눈치를 받으며
견디던 대폿집은
어느 날
동생 둘은 각자 아버지에게 보내고
언니와 아줌마는 가게를 닫고 떠났다
　　　　　- 「플라타너스의 집—삼 남매」 전문

　유수 시인의 시집 『십이 년 열두 해 열두 번째 여름』에서 가장 리얼리티한 시가 「플라타너스의 집—삼 남매」이다. 내용을 다 읽고 나서 생각해 보면, 참 기구하고 곡절 많은 삶의 모습이다. 그러나 이 시는 독자의 시선을 찌푸리게 하는 것이 아니라, 묘한 재미를 준다. 대폿집을 연 한 여자가 세 남자의 아이를 낳았다는 사연만으로도 뒷담화 소재로 충분하다. 그러나 이 시의 매력은 그 가족의 삶을 따뜻한 눈으로 바라보는 화자의 시선에 있다.

　유수 시인의 시는 죽음을 건너 평온한 상태에 이른 듯 보인다. 그런데 죽음마저도 담담하고 따뜻하게 바라보는 시선의 기원은 역설적이게도 상처이다. 감당하기 어려운 아픔을 견뎌낸 자에게 자신과 세계를 긍정하는 바이러스가 생겼을까. 죽음 너머에서 바라본 세속적 세계는 무성영화처럼 조용하다. 그렇게 깊은 상처를 건너는 시인에게 삶의 온기를 불어넣어 주는 것은 고향인 군산에서의 추억이고, 감당하기 어려운 내상을 치유하는 것도 고향이라는 몰약이다.

> 겨울 아침마다 부엌에선 신발 굽는 냄새가 났다
> 내 운동화보다 더 헤진 아버지 구두에서는
> 고단한 연기가 모락모락 올라왔다
>
> 시내버스가 없던 작은 도시
> 늦은 저녁 아버지는 막걸리 한 잔에
> 흙이 잔뜩 묻은 낡은 신발로 돌아오시곤 했다
> 엄마는 말라붙은 흙덩어리 말없이 털고
> 밑창을 씻어 부뚜막에 올렸다
>
> 아침 부뚜막 아버지 신발 옆
> 낡았어도 버릴 수 없던 내 운동화
>
> 겨울 부엌에서 신발 굽는 냄새가 났다
> 냄새가 익어 갈수록 발은 따뜻해지고
> 걸음도 가벼워졌다
> 　　　　　　　　　　 - 「구두와 운동화」 전문

신발을 말린다는 표현보다 신발을 굽는다는 말은 향기롭다. '겨울 아침마다 부엌에선 신발 굽는 냄새가 났다 / 내 운동화보다 더 헤진 아버지 구두에서는 / 고단한 연기가 모락모락 올라왔다' 아버지의 힘겨운 생활을 '내 운동화보다 더 헤진 구두', '고단한 연기'로 포착했다. '엄마는 말라붙은 흙덩이리 말없이 털고 / 밑창을 씻어 부뚜막에 올렸다'는 단 한 문장으로 어머니의 정갈한 품성과 따뜻한 마음 씀씀이가 다 읽힌다. 낡은 운동화와 운동화보다 더 헤진 구두로 미루어 아주 넉넉한 살림살이는 아니었던 듯한데, 나란히 부뚜막에서 말라갔을 낡은 운동화와 헤진 구두가 도란도란 말을 나누는 소리가 들리는 것 같다. '겨울 부엌에서 신발 굽는 냄새가 났다 / 냄새가 익어 갈수록 발은 따뜻해지고 / 걸음도 가벼워졌다'는 구절로 미루어 이후의 날들이 따뜻하고, 가벼워졌을 것이다. 이런 따뜻함, 이런 가벼움을 처방받았기에 그토록 병 첩첩 간호 첩첩의 삶을 건널 수 있었다.

유수 시인의 시 세계가 아픈 긍정을 지나 환한 긍정으로 나아갈 힘이 여기에 있겠다. 그에게는 여전히 신발 굽는 냄새가 나는 유년의 부뚜막이 있고, 이미 냄새가 익어서 '발은 따뜻해지고 / 걸음도 가벼워졌'으니, 어떤 길도 그를 막지 못하리. 그 발길 끝에 구워진 신발 냄새를 풍기는 시의 꽃밭이 있다.

우주문학 시선 5
십이 년 열두 해 열두 번째 여름

초판 발행   2025년 7월 15일

지은이   유수
펴낸이   진영서
책임편집   김영산
조판   김한백
펴낸곳   은하태양
주 소   서울 마포구 백범로 239 103-104호
출판등록   제2024-000103호
대표전화   010.8920.4725
이메일   galaxysun30@naver.com

유수 2025
ISBN: 979-11-991218-9-8

*이 책의 무단 복제를 금합니다. 이 책 내용의 전부 또는 일부를 재사용하려면 반드시 저작권자와 은하태양 양측의 동의를 받아야 합니다.

* 책 값은 뒤표지에 표시되어 있습니다.